大展好書　好書大展
品嘗好書　冠群可期

大展好書　好書大展

品嘗好書·　冠群可期

武術健身叢書 4

馬志富　創編

國家體育總局武術運動管理中心　審定

天罡拳十二式

大展出版社有限公司

「武術健身方法」評審領導小組

組　　長：王玉龍
副組長：楊戰旗　　李小傑　　郝懷木
成　　員：樊　義　　杜良智　　陳惠良

「武術健身方法」評審委員會

主　　任：康戈武
副主任：江百龍
委　　員：虞定海　　楊柏龍　　郝懷木

「武術健身方法」創編者

《雙人太極球》　于　海
《九式太極操》　張旭光
《天罡拳十二式》　馬志富
《形意強身功》　林建華
《太極藤球功》　劉德榮
《五形動法》　王安平
《流星健身球》　謝志奎
《龜鶴拳養生操》　張鴻俊

序　言
為「全民健身與奧運同行」主題活動增光添彩

國家體育總局武術運動管理中心主任　王筱麟

當前，恰逢國家體育總局宣導在全國開展「全民健身與奧運同行」主題系列活動，喜迎 2008 年北京奧運會之機，《 武術健身方法叢書 》的面世具有特殊意義，可慶可賀。

這套叢書推出的龜鶴拳養生操、天罡拳十二式、太極藤球功、流星健身球、五形動法、九式太極操、雙人太極球、形意強身功八個武術健身方法，是國家體育總局武術運動管理中心依據國家體育總局體武字〔 2002 〕256 號《 關於在全國徵集武術健身方法的通知 》精神，成立了評審工作領導小組，同時聘請有關專家組成評審委員會，對廣泛徵集起來的申報材料，按照所選方法必須具備科學性、健身性、群眾性及觀賞性的原則，認認眞眞地評選出來的。

這中間嚴格按照「堅持優選、寧缺勿濫」的要求，經歷了粗篩、初評、面向社會展示、徵求意見、修改、完善、終審等多個階段的審核。

　　現奉獻給社會的這八個武術健身方法，既飽含著原創編者們的辛勞，也凝結有相關專家、學者及許多觀眾的智慧。可以說，是有關領導和眾多名人志士的心血澆灌培育起來的八朵鮮花。

　　2004 年 10 月，這八個方法首次在鄭州第 1 屆國際傳統武術節上亮相，初展其姿就贏得了與會 62 個國家和地區代表們的一致喝彩，紛紛稱讚說觀賞其表演是一種藝術享受。一些代表還建議將這些健身方法推廣到全國乃至世界各地。2005 年 8 月 8 日，這八個方法還被國家體育總局授予「全國優秀全民健身項目一等獎」。

　　國際奧會批准武術這個項目在 2008 年北京奧運會期間舉行比賽，這是武術進軍奧運歷程中的一座極其重要的里程碑，是值得全世界武林同仁熱烈慶賀的盛事。

　　最近，國家體育總局劉鵬局長在全國群眾體育工作會議上的講話指出：「廣泛組織開展『全民健身與奧運同行』主題活動，可以最大限度地激發人民群眾參加健身的熱情，並使這種熱情與迎接奧運的激情緊密結合，形成在籌備奧運過程中體育健兒緊張備戰、人民群眾積極熱身的良性互動局面。」對武術工作而言，我們在這一大好形勢下，一方面要紮紮實實做好國家武術代表隊的集訓工作，積極備戰，爭取「北京 2008 武術比賽」的優異成績，為國爭光；另一方面要

採取各種形式把全國億萬民眾吸引到武術健身的熱潮中，向世人展示作爲武術發源地的中國確實是武術泱泱大國的光輝形象。兩者相輔相成，相得益彰，共同爲武術走向世界、造福人類作貢獻。

我們隆重推出這八個武術健身方法，對於後者是可以大有裨益的。我們將配合出版發行相關書籍、音像製品等，舉辦教練員、裁判員、運動員培訓班，組織全國性乃至國際性的武術健身方法比賽等活動，努力爲「全民健身與奧運同行」主題系列活動增光添彩。

創編者簡介

　　馬志富，男，生於 1949 年，湖北武漢人。早年畢業於武漢體育學院體育教育系，習練武當道家絕技「天罡」功夫達四十餘年。曾多次作爲國家體委特邀代表參加全國武術觀摩交流大會表演。

　　從 20 世紀 80 年代末至 2000 年間，創編者曾任湖北省武術館館長兼武術擒拿散打總教練、湖北省武術協會副秘書長、武漢市武術協會副主席、中國武當拳法研究會特邀研究員、中國國家武術一級裁判等職。其間曾多次與湖北省公安部門聯合舉辦全省公安幹警及保安人員武術培訓班，針對該系統特性，創編者將「天罡」功夫中的多種擒拿格鬥技巧傳授給廣大的基層公安幹警，使其受益匪淺。

　　20 世紀 90 年代中期，爲促進中華武術交流，創編者應邀前往香港，擔任香港東熙影業公司武術指導，在香港無線電視臺《都市閒情》欄目傳授「天罡拳」，引起香港民眾密切關注，並掀起習練「天罡」功夫強身健體的習練熱潮；在香港城市大學、維多利亞公園及香港多家會所都曾開設「天罡」功夫培訓班，取得較好的社會反響。引起眾多影視明星、香港企業名流及著名的華人、華僑的關注，使其成爲天罡功夫的受益群體。諸如：名導演嚴浩，影星劉松仁、

米雪等都拜馬志富爲師學習天罡功夫。

由於「天罡拳」的保健功能及健身效果引起許多世界大型企業的密切關注。香港信興集團總裁蒙明偉先生就曾盛情邀請創編者擔任該企業員工的健身導師，並將「天罡」功夫作爲員工的健身保健項目。

2002 年獲悉中國國家體育總局向全國徵集挖掘散落在民間的優秀武術健身方法，創編者隻身由港返回武漢，根據自己多年的武術健身經驗，融合武當絕技「天罡」功夫，並在科學健身方法的前提下，創編了「天罡拳十二式」，並正式向國家體育總局提交了武術健身方法評選申報。

2004 年 9 月，F1 大獎賽首次在中國舉行，創編者應法拉利車隊舒馬赫的邀請，傳授天罡拳，以及如何運用天罡拳進行體能鍛鍊，同時爲他做保健治療，這是中國傳統功夫與現代體育運動的完美融合，眾多媒體競相報導，中國的傳統文化又一次在世界頂級賽事的舞臺上顯示了其特色和魅力。

2004 年 10 月，創編者所申報的「天罡拳十二式」經過歷時兩年多的評選，從全國一百多套參評功夫中脫穎而出，被國家體育總局授予「全國優秀全民健身項目一等獎」。當月，受「首屆世界傳統武術節」組委會的邀請，作爲特邀佳賓，帶領學員在武術節上首次公開展示「天罡拳十二式」，得到了與會武術界人士的高度讚揚。

目　錄

一、天罡拳十二式簡介

（一）功法源流

「天罡」屬道家內功秘技，流傳於武當山，因其有嚴謹的動作基礎，外形類似練拳，故名天罡拳。中華傳統內功、武術拳技的重要流派——武當派溯源於此，與少林派同名天下，故有「北崇少林，南尊武當」之說。史載武當派內功蔚成大家者曾結廬於此，隱修道門罡功，研磨太極陰陽之奧蘊，靜觀龜蛇之動態，探究其長壽之源，亦成為內家技擊之祖。

天罡拳和太極拳一樣，也是內家拳的一種。由於傳授甚嚴，師門從不外泄，即是列於門牆，師祖何人，傳承幾代，亦鮮有所知，亦所謂大道無為。況秘門絕技向有師不言三代，法不傳六耳之律。今之所宗者，乃武當高真黃公安道長。師祖壽之耄耋，雲遊至河南南陽，緣收張雲鏡為入室弟子，攜至武當，傳內功秘技及岐黃之術二十餘載，其時黃老道長已壽百齡。張氏謝師還俗，隱居民間以醫濟世，累積道門功德。暮年時遇馬志富，喜其篤誠內慧，遂收為傳人，秘授「天罡拳」。

（二）功法理論

「天罡拳十二式」是一套以太極陰陽學說和中醫經絡學說為理論基礎的健身方法，是在道家功夫「天罡」的基礎上簡化、創編的武術新品種。它動靜相間，剛柔相濟，綿延起伏，姿態翩然。配合獨特的開合俯仰，外練筋骨，內養臟腑，提高自身免疫力，對疾病亦有一定的改善作用。結構上短小精悍，簡單易學，適合各年齡層次的人強身健體。

天罡拳十二式以俯仰開合為基礎，除運動身體周身各部位，同時帶動臟腑功能的活動。運動勁路以纏絲螺旋勁為綱，拳勢以腰為軸、牽引四肢，形成內螺旋、外纏絲的圓弧形運動，使肌肉、肌腱、韌帶在擰旋拉長、放鬆張弛中協調運動，從而促進血液循環、能量轉換，同時增強脈氣、刺激經絡穴位，使氣血暢通，達到內外、表裏、上下、左右整體機能的統一協調。

從其動作剖析，天罡拳首先以運動上半身為主，如第一式俯仰開合和第二式蛇形纏繞，使頭部、頸部、肩部、胸背部運動。其次，以運動上身和腰部為主，如第三式雙龍抱柱、第五式鷂子翻身和第七式獅子回頭。上半身和腰得到充分運動後，再加上慢慢伸展腿部等下半身的動作，如第八式燕子銜泥、第九式仙鶴展翅和第十式青龍探爪。最後全身運動，並最大

限度地舒展全身，如第十一式雄鷹叼食。

到此，全身都充分活動開來，經絡和骨骼、肌肉都得到不同程度的運動，這時需要把全身的精氣歸於丹田，才能起到積蓄精、氣、神的作用，以濡養全身，所以第十二式設計的是收勢動作金龜入眠。

(三) 功法特點

天罡拳是武當道家內家拳，有嚴謹的武術套路。與太極拳有異曲同工之妙，同祖同宗，中間兼有穿插道家其他門派功夫的身影。

人體的氣血必須通過經絡的傳注，才能散佈於全身各處，維持機體的生命活動。經絡內聯臟腑器官、溝通上下內外，入裏出表，連絡肢節，調節盈虛，從而使人體各個臟腑、組織器官之間功能活動有機地聯結起來，構成一個內外、表裏、左右、上下協調共濟的有機整體。

天罡拳十二式以此為機理，調節人體統一平衡，促進體內外氣息交換。

天罡拳除了強身健體的功能以外，同時蘊藏著武術技擊的特點，其技能包含在天罡拳整個套路運動中，每式動作要求非常嚴謹。

在練習過程中，對手、腳、身體的協調，運動的角度，肩、肘、腕、指關節的旋轉都有嚴格的要求，要求肢體關節運動與臟腑、呼吸內外合一。運動特點

形成內螺旋、外纏絲，配合吞吐呼吸。

　　擊敵過程中形成一觸即發、發不可收的技擊勁道，制敵於無形之中。所謂無拳似有拳，有拳似無拳，真正體現道家功夫柔中藏剛、以靜制動和侍機勢先的技擊特點，以及靜如山岳、動若閃電、柔如抽絲和剛若穿石的武技原理。

二、天罡拳十二式健身功效

　　天罡拳是一種體療方法，與中藥、針灸、推拿按摩一樣同屬中醫的範疇，透過自身練習來療病和保健。

　　天罡拳有別於現代競技體育，其特殊之處在於這是一種積累體能的運動，即練習過程就是積累體能的過程。練完之後，令人神清氣爽，精力充沛。中醫理論云：「急則耗氣，緩則補氣。」

　　現代體育運動由速度、力量的反覆練習，不斷消耗體能，來達到速度和耐力的增強，不過這種運動方式更適合年輕人或有健康體魄的人，對於身體虛弱，或有疾病纏身，或長期未曾鍛鍊，或年長的人來說，大量消耗體力的現代運動很顯然不適合他們，有些病情嚴重者甚至無法進行，以致放棄鍛鍊，從而造成惡性循環，虛弱者變得更虛弱。

　　天罡拳透過柔緩的練習方法，一步一步使人漸漸進入一種運動的狀態，然後由正確而嚴謹的動作，達到練精化氣、練氣化神、練神還虛的目的，使人在不知不覺中運動起來，精、氣、神充足起來。

　　身體虛弱、疾病纏身、長期未曾鍛鍊、年長的人

其實相對於健康強壯的人群更需要鍛鍊，而且要用行之有效的鍛鍊方法，才能改善身體狀況。

柔緩而舒展的天罡拳能滿足這些人群調節身體、緩解疾病、提高免疫、增強體能的多種鍛鍊需求。而對於身強力壯、體魄健全的健康人群，甚至是運動員，天罡拳也能將練習過程中產生的精、氣、神儲存於體內，日積月累，越存越多，使消耗體能的運動和積累體能的運動交替進行，相得益彰，更好地增強體力，以達延長運動生理週期的目的，即道家內功所追求的百歲而行動不衰、延年益壽的效果。

練習天罡拳分為兩個階段：首先是自我療病階段，其次是增長體力階段。前者是後者的基礎，後者是前者的昇華。

三、天罡拳十二式創編思路

20 世紀 80 年代末，一篇《馬志富與天罡拳》的報導，在江城武漢引起人們的關注。這篇報導主要以介紹一套流失在民間的武當功夫——天罡為主題，向人們展示了中國功夫的淵遠流長和精湛技藝，並以創編者幾十年的修練功力和武醫結合替他人治療疾病為例，介紹了道家內功的門派特色，即性命雙修。

此報導的主要意圖是站在體育科學的角度，讓人們重新認識一套古老的優秀的武術健身方法，如何為現代人的健康服務，同時也為剛剛創立不久的湖北省體委武術館擴大影響。然而報紙發行後，令人感到意外的是，慕名前來的人當中只有一部分年輕人和武警戰士是站在武術技擊的角度來學拳，而大多數人純粹是前來就醫和健身養生的。

創編者自幼跟隨老中醫張雲鏡師傅學徒，幾十年來大部分精力都傾注在功夫上，治病只是小試身手，偶爾給親戚朋友緩解一下燃眉之急，並不以此為主業。他的專攻還是武當功夫——天罡拳，但面對不斷前來就醫的人，如何開闢醫療這個新領域，他不得不重新考慮。

　　天罡拳治療疾病的效果不光引起社會的關注，也引起了體育部門的重視，創編者曾為湖北省優秀運動員解除傷痛，使其能臨場發揮自如，獲得優異的成績，深得運動員好評。尤其是對高血壓病人和中風初期病人也有很好的療效。湖北省中醫藥研究院生理學教授年福生曾這樣評價：天罡拳為中醫非藥物治療打開了新途徑。

　　在湖北省體委領導和組織的重視下，湖北省武術館和洪山體療專科門診相繼成立，以滿足不同人群的需求。因求醫者眾，而個人能力又有限，無法滿足所有患者治療的需求，如何讓天罡拳造福於更多有健身需求的人群，則成為主要問題。

　　天罡拳對動作的準確性要求很高，按傳統的方法學習有一定的難度，耗時較長。為了使天罡拳既簡便易學，又收效卓著，順應當今社會快節奏的生活方式，便創編了天罡拳初級教程——天罡拳十二式。

　　這套拳動作簡單，容易練習，便於記憶，且不受場地和時間限制。1994 年創編者在香港信興集團擔任武術健身教練期間，就開始推廣這套拳，收效很好。之後，又在香港城市大學、各大會所等機構教授天罡拳，根據學員回饋的資訊和教學中所面臨的問題，及時調整和修改動作，使每招每式環環相扣，勁力不斷，更緊湊，更合乎現代人生理生活的需要。由在香港六年多的教學和傳播，天罡拳十二式受到了檢驗，

也得到了好評，電視報紙等媒體紛紛報導，香港無線電視臺《都市閒情》欄目還專程邀請創編者在電視上教授天罡拳，使天罡拳服務於社會大眾，讓更多的人身心受益。

四、天罡拳十二式動作名稱

第 一 式　俯仰開合

第 二 式　蛇形纏繞

第 三 式　雙龍抱柱

第 四 式　猛虎推山

第 五 式　鷂子翻身

第 六 式　靈猴伸腰

第 七 式　獅子回頭

第 八 式　燕子銜泥

第 九 式　仙鶴展翅

第 十 式　青龍探爪

第十一式　雄鷹叼食

第十二式　金龜入眠

圖 1

五、天罡拳十二式動作圖解

第一式　俯仰開合

1. 上開合

　　① 身體自然直立，兩臂下垂，兩腳跟併攏，兩眼平視前方，口閉合。（圖 1）

圖 2

圖 3

②左腳緩慢抬起向左側分開，與肩同寬，腳尖向
前，全身放鬆，重心在全腳掌上。（圖2、圖3）

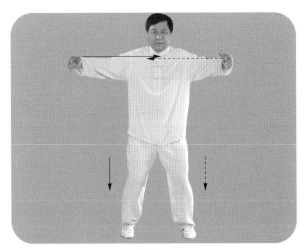

圖 4

圖 5

③ 兩手從兩側起向胸前抱球，手心朝裏，與肩平齊，右手背靠在左手心上，拇指相對，兩膝微屈。（圖4、圖5）

圖6

④ 將兩手拉回胸前至與胸一拳之隔處，兩腿伸直。（圖6）

⑤ 重將兩手向前送出，兩膝微屈，重心在前腳掌上。（圖7）

⑥ 兩臂向前伸直，指尖向前，兩掌掌心向下。（圖8）

圖 7

圖 8

圖 9

⑦兩肩向後收，兩肘彎曲，兩手手背相靠，兩掌
向下、向裏翻，兩肘肘尖轉向前。同時，兩腳腳尖相
應內扣，兩膝彎曲，身體重心下降，在前腳掌上。
（圖9—圖11）

圖 10

圖 11

圖 12   圖 13

⑧兩肩在垂直面上轉動，向前時帶動兩肘向下，手腕向裏、向上轉，手背相靠，指尖朝上。同時，兩膝緩緩伸直，身體向上。（圖 12、圖 13）

圖 14　　　　　　　　　　　圖 15

　⑨擴胸，兩肩向後夾，兩肘向下，手掌掌心朝
上，兩臂向兩側張開，與身體成 45° 角。同時，腳尖
從內扣轉向朝外成外八字形。（圖 14、圖 15）

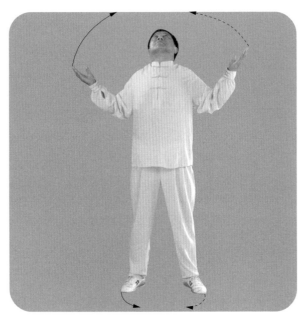

圖 16

⑩抬頭，眼睛看後上方，身體向後微仰，兩肩向後、向上繼續轉動，帶動兩手轉至兩耳外側。（圖16）

圖 17

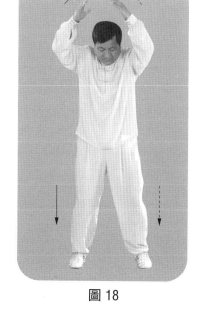

圖 18

⑪當眼睛看到後上方後，身體停止後仰，然後頭緩緩向前低下，兩肩從向後夾轉為向上，帶動兩手從兩側成抱球狀向頭頂合，合至兩手掌相對，手心斜朝下。同時，腳尖隨之由外八字轉為朝前。（圖17、圖18）

圖 19   圖 20

⑫兩肩向前轉，帶動兩肘下垂，兩掌從頭頂相合後經面部向下，兩掌合至面前。同時，兩膝彎曲，重心在全腳掌上。（圖 19、圖 20）

圖 21

2. 中開合

①兩臂向前伸直，十指相觸，指尖轉向前，兩掌
掌心轉向下。（圖 21）

圖 22

②兩肩向後收，兩手手背相靠，兩掌向下、向裏
翻，帶動兩肘彎曲。（圖 22）

圖 23

③兩肘肘尖轉至朝前，指尖朝下。同時，腳尖相
應內扣，兩膝彎曲，重心在前腳掌上。（圖 23）

圖 24   圖 25

④兩肩轉動，帶動兩肘轉向下，手腕向裏、向
上，手背相靠，指尖朝上。同時，兩膝緩緩伸直，身
體向上，腳尖從內扣轉向朝外成外八字形。（圖 24、
圖 25）

圖 26 圖 27

⑤兩臂向兩側張開，與身體成 45°角，兩肩向後、向上繼續轉動，帶動兩手轉至兩耳高。（圖 26、圖 27）

圖 28

⑥兩肩向前轉，帶動兩肘下垂，兩掌相合至面部。同時，兩膝彎曲，重心在全腳掌上。（圖28）

圖 29

⑦提肩，兩肘自然張開平肩，重心向上，兩手十指相對，手心自然分開。同時，兩腿伸直，腳跟提起，重心在前腳掌上。（圖 29）

圖 30

⑧兩手拇指指尖相觸，轉腕，手心朝裏，右手在內貼於左手上，拉回胸前，重心仍在全腳掌上。（圖30、圖31）

⑨鬆肩、鬆腰、鬆髖，兩膝微屈。同時，轉腕，手心朝上，右手貼在左手上面，慢慢下沉於胸部。（圖32）

圖 31

圖 32

圖 33

第二式　蛇形纏繞

① 兩手自然向下開，兩肩抬起，帶動兩臂向下、向兩側張開，與身體約 60° 角，手心朝上捧。同時，兩膝彎曲，拔背收腹。（圖 33、圖 34）

② 兩肩向裏夾，帶動兩臂向胸前畫弧，兩肘彎曲，手心朝上，上身微向前傾。（圖 35）

圖 34

圖 35

圖 36

③ 兩手下落，從腹部經體側腰部向後、向外水平
畫一大弧，身體重心略向前傾，眼睛平視前方。（圖
36—圖 38）

圖 37

圖 38

圖 39

④ 兩手臂從後向前旋轉畫弧，十指相對至胸前，手心朝下，兩肘平肩，身體正直，目視前方。（圖39、圖40）

⑤ 兩肘下垂，兩手成球形分開，慢慢向下鬆至體側。（圖41—圖43）

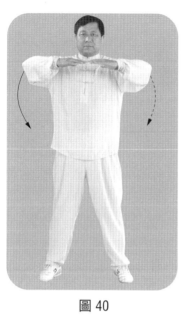

圖 40

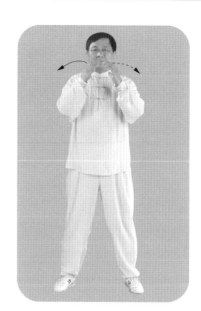

圖 41

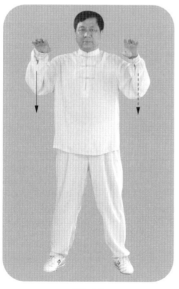

圖 42

圖 43

圖 44

第三式　雙龍抱柱

① 身體右轉 30°，重心移向右腳，右膝微屈，左腳腳尖輕點地。同時，雙臂從兩側抬起平肩，兩肘彎曲，兩掌心朝下。（圖 44）

圖 45

② 左手向左後內側畫弧，眼睛看著左手，右手保
持不動。（圖 45）

圖 46   圖 47

③ 左手經腹部繼續畫弧至右側捧起，手心轉為向
上，右手微向下降。同時，身體隨之向右轉動 90°，眼
睛注視左手上捧。（圖 46、圖 47）

④ 左手向上提起，隨即身體向左轉動，左手向上
垂直面畫弧，經面部轉至左側，眼睛注視左手掌向外
翻轉至掌心朝右，同時右手在右下向內側畫弧至腹前
右側，手心變為向上。（圖 48—圖 50）

圖 48   圖 49

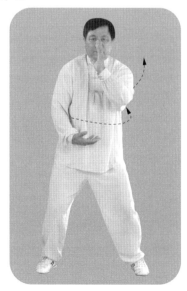

圖 50

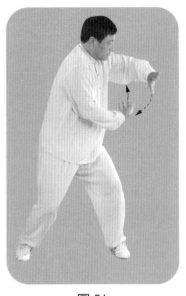
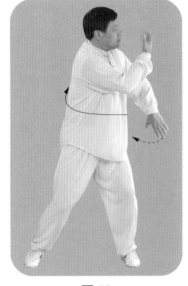

圖 51　　　　　　　　　　圖 52

⑤ 左肘提起與肩平，左手心轉為向下，眼睛注視右手捧起，隨即身體向右轉動，右手向上垂直畫弧，經面部轉至右側，眼睛注視右手掌向外翻轉至掌心朝左，同時左手在左下向內側畫弧至腹前左側，手心變為向上。（圖 51—圖 54）

⑥ 身體轉向右側，眼睛注視右手，右臂彎曲抬起平肩，右手向右後側畫弧，經右腰側向下斜插至左前下方，掌心向前，隨即身體左轉，左膝彎曲成 90°，左手上提，手背靠在左太陽穴處。（圖 55—圖 59）

圖 53　　　　　　　圖 54

圖 55　　　　　　　圖 56

圖 57

圖 58

圖 59

圖 60　　　　　　　　圖 61

⑦ 兩腿伸直，身體右轉。同時，張肘抬肩，右手掌由外向裏翻轉，與落下的左手背相靠，合於腹前。（圖 60、圖 61）

圖 62

⑧ 兩肩向上、向後轉動，帶動手臂向兩側、向上
畫弧，手心翻轉向上，眼睛注視兩手。同時，身體向
上伸展，足跟離地。（圖 62）

⑨ 兩肩繼續向下、向前轉，兩手臂從兩側向下、
向裏畫弧至腹前，兩手重疊，右手在上，左手在下。
同時，重心下降，兩膝彎曲。（圖 63、圖 64）

圖 63

圖 64

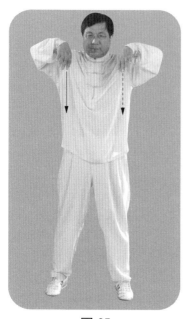

圖65　　　　　　　　　圖66

⑩ 兩肘上抬平肩，兩手掌向裏、向下翻轉至掌心
向下、向兩側分開，緩緩降下，同時身體直起。（圖
65、圖66）

圖 67

第四式　猛虎推山

① 眼睛注視兩手，從腹前向裏轉腕畫弧，掌心轉
為朝上，指尖相對，中間間隔 1 公分。（圖 67）

圖68

　　② 兩肩上提，帶動兩手慢慢向上提至胸前，兩肘尖向前轉，兩手手腕向內翻轉，手背相靠，指尖朝下。（圖68、圖69）

　　③ 兩肩向後轉動，兩手分開，兩腕平肩，自然彎曲下垂。（圖70）

圖 69

圖 70

圖 71

④ 兩肩繼續向後轉動，雙手立起，掌心朝前，指
尖朝上，雙肘彎曲下沉。（圖 71）

⑤ 兩手掌向前方平行推出，兩手手腕放鬆，向兩
側轉動一圈，手心朝上。（圖 72—圖 74）

圖 72

圖 73

圖 74

圖 75

⑥ 手掌從掌心朝上轉為手心朝面，繼續向內翻轉，兩肘向兩側抬起，兩掌下降至胸前，兩手背相對，指尖朝下。（圖 75—圖 77）

圖 76

圖 77

圖 78

⑦ 兩肩向後、向下畫弧，帶動兩臂向兩側分開，
兩手也跟著分開，與肩同寬同高，隨即肩向後下方轉
動，兩肘尖在身體兩側下垂，高與胸平。（圖78—圖
80）

圖 79

圖 80

圖 81

第五式　鷂子翻身

① 身體轉向右側。同時，兩手腕向裏翻轉，手心
朝面。（圖 81）

圖 82

② 含胸拔背收腹，身體重心移至左腳，左腿彎
曲，右腿伸直，腳跟點地。同時，兩手微下落，由胸
前向內畫弧至兩側肋下。（圖 82）

圖 83

③ 兩手繼續以肩為軸向兩側畫弧一圈，手臂由內向外扭轉，轉腕，十指相對，兩手匯合於面前呈 45°角，兩臂平肩。同時，重心隨著手臂的前移轉至右腳，左腳隨之微微抬起。（圖 83、圖 84）

④ 左腳向左側拉開半步後落地，兩腿微屈。同時，兩手十指尖相觸，呈空心掌，兩臂以向右後方畫弧為起始方向，右肘尖由外向內水平畫弧一圈，身體隨之轉向右側，眼睛注視兩手的轉動。（圖 85、圖86）

圖 84

圖 85

圖 86

圖 87

⑤ 兩手從右側經腹前轉向左側，保持水平畫弧，
同時，帶動上身轉向左側。（圖 87）

圖 88

⑥ 兩手繼續十指相觸，呈空心掌，在左側由外向
內側水平畫弧一圈。（圖 88）

圖 89

⑦ 兩手從左側經腹前轉向右側，保持水平畫弧。
同時，帶動上身轉向右側。（圖 89、圖 90）

⑧ 兩手在右側水平畫弧一圈，左右運動的路線好
像一個睡 8 字。（圖 91）

圖 90

圖 91

圖 92

圖 93

⑨ 身體左轉直起。同時，兩手從右側轉至腹前，面朝正前方，指尖從向下轉為向上，兩肘平肩。（圖92、圖93）

⑩ 十指鬆開，兩手重疊，右手放在左手的手心上面，拇指相對。然後兩手手心轉為朝上，從胸前慢慢下降至腹前。（圖94─圖97）

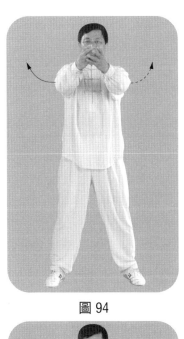

圖 94

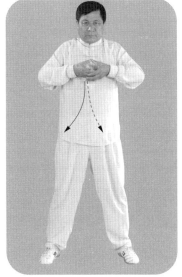

圖 96

圖 97

圖 98

第六式　靈猴伸腰

① 兩肩抬起，兩臂向兩側張開，上臂平肩，手心朝下。同時，兩腳跟抬起，身體重心隨兩臂的張開而上移。（圖 98）

② 兩手由外向下、向內畫弧至兩膝前，手掌轉為朝上，十指相對。同時，身體重心下降，兩腳踏實，兩腿彎曲成馬步，兩眼注視兩手畫弧。（圖 99—圖 101）

圖 99

圖 100

圖 101

圖 102

圖 103

③ 身體緩緩直起，兩手提至腹前，十指相對，間隔 1 公分左右，雙肘微屈。（圖 102）

④ 兩手提至胸前，眼睛注視兩手，向上經面部至頭頂由外向內、向上翻轉，兩臂緩緩上舉，掌心朝上，身體向後微傾，眼望手背，整個手腕轉動達 360°。（圖 103—圖 107）

圖 104

圖 105

圖 106

圖 107

圖 108

圖 109

⑤鬆肩、鬆手，兩手腕自然向內轉 180°，兩掌平行，兩肘彎曲，同時兩手心向內、向下垂直翻轉，兩眼注視兩手。（圖 108、圖 109）

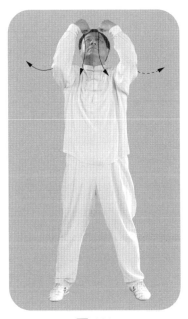 

圖 110   圖 111

⑥ 兩手繼續緩緩下降落於面部，輕輕握攏成空心拳，拇指握在手心裏，兩肘向兩側張開平肩，兩手下降至與肩同高，手背相對。（圖 110、圖 111）

圖 112

⑦擴胸，兩肘、兩手自然分開，眼睛注視前方。
（圖 112）

⑧鬆肩，鬆肘，鬆手，變掌，兩手緩緩下降，垂
於體側。（圖 113、圖 114）

圖 113

圖 114

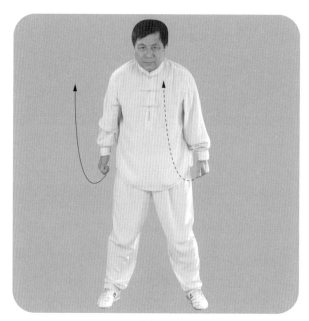

圖 115

第七式 獅子回頭

① 兩手四指握成空心拳，拳眼向前，拇指伸直，指尖向前，上半身向前微傾，重心在體前，眼睛平視前方。（圖 115）

圖 116

② 雙拳向前緩緩提起，平肩，拇指朝上，重心還原身體正中。（圖 116）

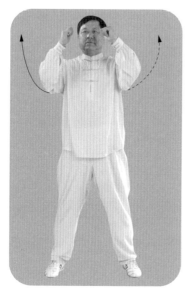

圖 117　　　　　　　　　圖 118

③ 雙肘彎曲，肘尖朝下，兩拇指指尖對兩側太陽穴，然後雙肘向兩側張開，身體正直，拇指指尖輕按太陽穴。（圖 117、圖 118）

④ 身體向右轉動，頭隨之向右轉，看右下方，直至低頭從右肋下看到背後左腳後跟，轉動時兩腳後跟不要抬起，兩膝不要彎曲，全腳掌落地。（圖 119、圖 120、圖 120 附圖）

圖 119

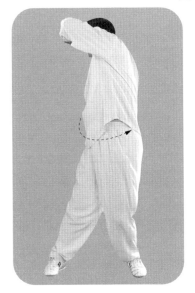

圖 120

圖 120 附圖

圖 121　　　　　　　　　　　圖 122

⑤ 上身慢慢向左轉，面朝正前方，手、臂姿勢保
持不變。（圖 121、圖 122）

⑥ 身體向左轉動，頭隨身體轉向左，看左下方，
直至低頭從左肋下看到背後右腳後跟，轉動時兩腳後
跟不要抬起，兩膝不要彎曲，全腳掌落地。（圖 123、
圖 124、圖 124 附圖）

圖 123

圖 124

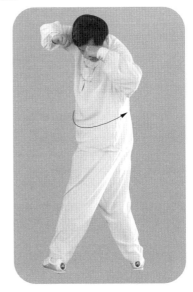

圖 124 附圖

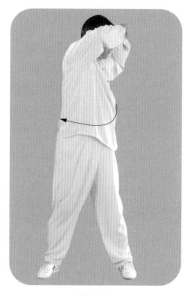

圖 125   圖 126

⑦ 身體慢慢向右轉回至面朝正前方，手、臂姿勢
保持不變。（圖 125、圖 126）

⑧ 兩拇指離開太陽穴，四指鬆開，兩手垂直緩緩
下落於身體兩側。（圖 127—圖 129）

圖 127

圖 128

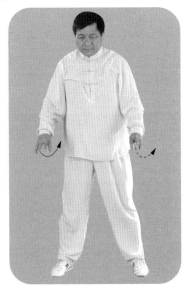

圖 129

圖 130

第八式　燕子銜泥

① 身體前傾，兩手向後成勾手。（圖 130）

圖 131

② 兩臂向前上方緩緩提起，平肩，兩手勾尖朝下。（圖 131）

圖 132

③ 左勾手不動，右手勾手轉為朝上，以右肩為軸心，從前向後轉動。同時，身體隨之轉向右側，兩腳後跟不要抬起，膝蓋不要彎曲，全腳掌落地。（圖132、圖133）

④ 兩腿伸直，身體前俯。同時，右勾手向後、向上、向前、向下畫弧，落於左腳正前方10公分處，左勾手向下、向左後轉，立於左後腰部，左肘彎曲，勾尖向上。初學者要視身體柔韌情況而定，觸不到地面也可練習。（圖134—圖137、圖137附圖）

圖 133

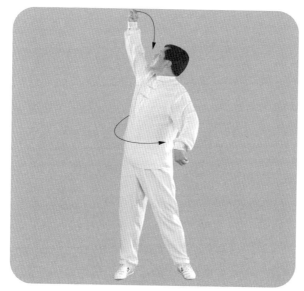

圖 134

圖 135

圖 136

圖 137

圖 137 附圖

圖 138   圖 139

⑤上身以腰為軸，從左下向左上至右上呈逆時針轉動。同時，右勾手也隨之從左下向右上逆時針畫圓下落於左側，勾尖向下，左勾手隨著上體右轉，緩緩從左下提起向左上畫弧。（圖 138—圖 143）

圖 140　　　　　　　圖 141

圖 142　　　　　　　圖 143

圖 144

⑥ 兩腿伸直，身體前俯。同時，左勾手落於右腳正前方 10 公分處，右勾手向右後轉，立於右後腰部，右肘彎曲，勾尖向上。（圖 144—圖 146、圖 146 附圖）

圖 145

圖 146

圖 146 附圖

圖 147

⑦身體緩緩直起，轉向正前方。同時，兩臂平肩前舉，兩勾手略微高於頭，勾尖朝下。（圖 147—圖 150）

圖 148

圖 149

圖 150

圖 151

圖 152

⑧ 兩勾手鬆開變掌，掌心朝下，鬆肩，鬆腰，手
臂緩緩下落於身體兩側。（圖 151、圖 152）

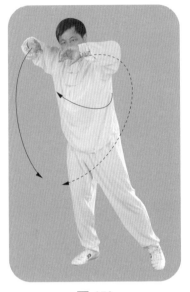 

圖 153　　　　　　　　　圖 154

第九式　仙鶴展翅

1. 定　步

① 兩臂抬起平肩，兩肘彎曲，同時身體右轉，兩
掌心朝外，向兩側分開向下、向裏畫圓，兩膝彎曲。
（圖 153、圖 154）

②兩手繼續畫弧，左手在外，右手在內，在胸前
交叉成十字手後，身體微起，兩手向上、向內翻轉一
圈向兩側分開，高與頭平，掌心朝外。同時，身體轉
向左側。（圖 155—圖 157）

圖 155

圖 156

圖 157

圖 158   圖 159

③兩掌向兩側分開，向下、向裏畫圓，兩膝彎曲。（圖 158、圖 159）

④兩手繼續畫弧，右手在外，左手在內，在胸前交叉成十字手後，身體微起，兩手向上、向內翻轉一圈，兩臂抬起平肩，兩肘彎曲，同時身體轉向正前方。（圖 160—圖 163）

圖 160

圖 161

圖 162

圖 163

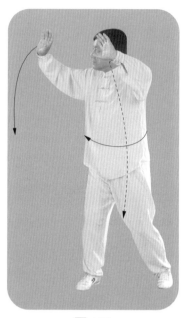

圖 164

圖 165

2. 活　步

①兩手向兩側分開，高與頭平。同時，身體右轉，兩掌心朝外，向下、向裏畫圓，兩膝彎曲。（圖164、圖165）

圖 166   圖 167

②兩手繼續畫弧，右手在外，左手在內，在胸前
交叉成十字手。同時，右腿屈膝提起，腳尖繃直。
（圖 166、圖 167）

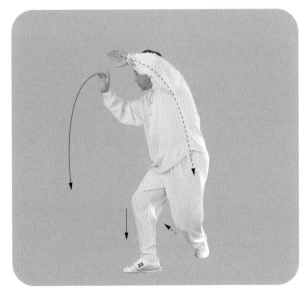

圖 168

③ 右腳向前緩緩橫步落下，兩腿屈膝下蹲成交叉步，身體右轉。同時，兩手向內翻轉一圈，向兩側分開，高與頭平，然後向下、向內畫圓，畫圓至最低點時，身體也下蹲至最低點，眼睛注視右手。（圖168—圖170）

圖 169

圖 170

圖 171　　　　　　　　　　圖 172

④ 身體直起，左腿屈膝提起，腳尖繃直。同時，
兩手向內、向上畫弧，於胸前交叉，左手在外，右手
在內。（圖 171、圖 172）

圖 173　　　　　　　　　圖 174

⑤ 兩手向內翻轉一圈，向兩側分開，身體左轉，重心下降，左腳向前緩緩橫步落下，兩腿屈膝下蹲成交叉步，眼睛注視左手。（圖 173、圖 174）

圖 175

⑥ 兩臂伸直，兩手向兩側張開，手心朝下。同
時，身體朝前，右腳向正前方上一步，腳尖輕輕點
地。然後重心前移，左腳向正前方上半步，腳尖點
地，兩腿併步屈膝。同時，兩手向前下畫弧。（圖
175—圖 177）

圖 176

圖 177

圖 178

⑦ 左腳向左側邁步，兩腿伸直，與肩同寬。同時，兩手向前、向上畫弧捧起，手心朝上，與肩同高。（圖 178）

⑧ 兩肩抬起，兩手向內翻轉，掌心轉為朝下，向兩側分開下沉，與肩同寬。（圖 179—圖 181）

圖 179

圖 180

圖 181

圖 182

第十式　青龍探爪

①兩手從腹前向上、向外轉腕，兩手心朝上，指尖相對。（圖182）

②張肘抬肩，兩手由兩側向上張開，高與頭平，手心朝下。同時，兩腳跟隨手臂向上抬起。（圖183、圖184）

圖 183

圖 184

圖 185

③ 兩臂以肩為軸向下、向內畫圓至兩膝前，掌心相對，指尖向下，眼睛注視兩手。同時，兩腿下蹲。（圖 185、圖 186）

④ 兩手手心朝上，隨兩腿緩緩直起，上提至胸部，指尖相對，相距約 1 公分。（圖 187、圖 188）

圖 186

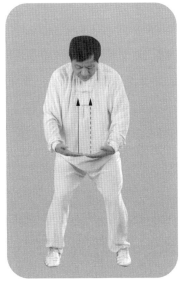

圖 187

圖 188

圖 189

⑤ 兩手向內翻掌，掌心轉為向下，身體前俯，兩
掌同時向下接觸地面，兩腿伸直，兩腳踏實。初練者
若無法觸地，可視自身柔韌情況而定。（圖 189—圖
191）

圖 190

圖 191

圖 192

⑥ 兩掌向外翻轉，掌心朝上，隨身體直起緩緩上升至胸前。（圖 192、圖 193）

⑦ 張肘抬肩至兩臂齊肩高，兩掌向內翻轉，手背相靠，手心向左右兩側。（圖 194）

圖 193

圖 194

圖 195

⑧ 兩手向兩側分開，與肩同寬，手心朝下，緩緩下落於腰兩側。（圖 195、圖 196）

第十一式　雄鷹叼食

① 身體右轉，右手五指併攏成勾手，勾尖朝上。同時，頭向右轉，重心移至右腿，左腳腳尖點地，眼睛注視勾尖。（圖 197）

圖 196

圖 197

圖 198

② 左腿屈膝抬起，右腳獨立。同時，右勾手向右
上方提起，高與肩平，眼睛繼續注視右勾手，左手掌
心朝下，左臂自然置於左側。（圖 198）

③ 左腳向左側下落成左弓步。同時，右臂以肩為
軸，向右側上方抬起，眼睛注視勾手。（圖 199、圖
200）

圖 199

圖 200

圖 201

④右臂繼續向左前下方畫弧，右勾手於左腳前觸
地，身體前俯，胸部與左大腿相觸，左手隨身體前俯
自然下擺於左下方。（圖 201、圖 202）

⑤右勾手觸地後隨即鬆開，五指變掌，右臂向左
上至右下立圓掄臂三圈至右斜上方，上身隨手臂的轉
動而轉動，眼隨手動。（圖 203─圖 208）

圖 202

圖 203

圖 204

圖 205

圖 206

圖 207

圖 208

⑥ 右手於右斜上方緩緩下落於右側下方，身體右轉，成右弓步，左手五指併攏成勾手，勾尖朝上，左臂伸直，向左上、向右前下方畫弧，勾尖於身體前下方觸地，身體前俯，胸部與右大腿相觸，右手隨身體前俯自然下擺於右下方。（圖 209—圖 213）

圖 209

圖 210

圖 211

圖 212

圖 213

圖 214

⑦ 左勾手觸地後隨即鬆開，五指變掌，左臂向右
上至左下立圓掄臂三圈至左斜上方，上身隨手臂的轉
動而轉動，眼隨手動。（圖 214—圖 221）

圖 215

圖 216

圖 217

圖 218

圖 219

圖 220

圖 221

圖 222

⑧左手於左斜上方下落，左腳收回，兩腳與肩同寬，兩手置於胯前，手心朝前，身體轉向正前方。（圖 222—圖 224）

圖 223

圖 224

圖 225　　　　　　　　　　圖 226

　　⑨ 兩手向前、向上緩緩提起，兩手心朝上，兩臂
伸直平肩，拇指彎曲在手心處，其他四指自然彎曲成
空心拳，向裏翻拳，並向胸前回收。（圖 225、圖
226）

圖 227

圖 228

⑩ 兩拳變掌，兩掌向裏轉動一圈，兩肩向左右兩側張開，兩肘平肩，手指鬆開，掌心朝下。然後鬆肩鬆肘，兩手下落鬆至腰部兩側。（圖 227、圖 228）

圖 229

第十二式　金龜入眠

① 兩掌翻轉向上，屈肘，兩手提起，手心朝上。
同時，兩腿屈膝下蹲，眼睛注視前方。（圖 229）

圖 230

　　② 兩手經兩側向後、向前畫弧，在胸前合攏成十
字手，右手在內，左手在外。（圖 230、圖 231）

　　③ 兩肩向後轉動，帶動兩手腕向內、向下轉動。
同時，兩腳尖向裏扣，呈內八字腳。（圖 232、圖
233）

圖 231

圖 232

圖 233

圖 234 圖 235

④ 兩手向外、向上翻轉。同時，兩腳尖外展，呈
外八字腳。（圖 234、圖 235）

圖 236 　　　　　　　　 圖 237

⑤ 重複以上③④動作，共練習 6 次，然後兩腿伸直，眼睛注視前方（圖 236、圖 237）

圖 238

⑥ 兩肘提起平肩，右手在內，左手在外，兩手拇指指尖相觸，將手拉回胸前，手心朝上，身體正直。（圖 238）

圖 239

⑦ 鬆肩，鬆腰，鬆胯，兩膝微屈，兩手下沉於腹部。（圖 239）

圖 240

圖 241

⑧ 全身放鬆，兩手自然下落於身體兩側，左腳收回併攏，立正，眼睛平視（圖240、圖241）。

養生保健 古今養生保健法 強身健體增加身體免疫力

定價250元

定價250元

定價250元

定價220元

定價220元

定價200元

定價160元

少林十大健身功
定價180元

定價250元

定價250元

定價250元

定價250元

定價180元

定價420元

定價300元

定價250元

定價180元

定價200元

定價360元

定價360元

定價230元

定價250元

定價230元

定價250元

定價200元

定價250元

定價200元

定價400元

定價280元

定價400元

定價300元

定價300元

定價180元

定價200元

定價200元

定價350元

定價400元

定價200元

定價280元

定價200元

定價180元

定價200元

定價280元

太極武術教學光碟

太極功夫扇
五十二式太極扇
演示：李德印 等
（2VCD）中國

夕陽美太極功夫扇
五十六式太極扇
演示：李德印 等
（2VCD）中國

陳氏太極拳及其技擊法
演示：馬虹（10VCD）中國
陳氏太極拳勁道釋秘
拆拳講勁
演示：馬虹（8DVD）中國
推手技巧及功力訓練
演示：馬虹（4VCD）中國

陳氏太極拳新架一路
演示：陳正雷（1DVD）中國
陳氏太極拳新架二路
演示：陳正雷（1DVD）中國
陳氏太極拳老架一路
演示：陳正雷（1DVD）中國

陳氏太極拳老架二路
演示：陳正雷（1DVD）中國
陳氏太極推手
演示：陳正雷（1DVD）中國
陳氏太極單刀‧雙刀
演示：陳正雷（1DVD）中國

楊氏太極拳
演示：楊振鐸
（6VCD）中國

本公司還有其他武術光碟
歡迎來電詢問或至網站查詢
電話：02-28236031
網址：www.dah-jaan.com.tw

原版教學光碟

歡迎至本公司購買書籍

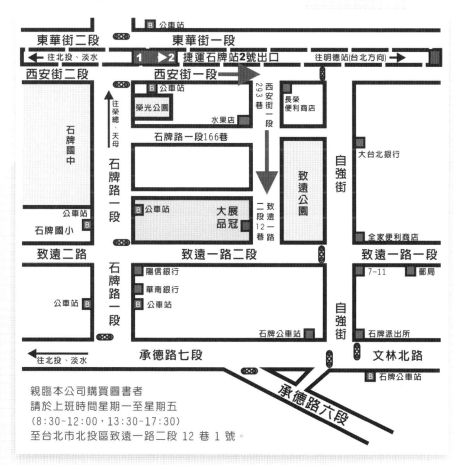

親臨本公司購買圖書者
請於上班時間星期一至星期五
（8:30~12:00，13:30~17:30）
至台北市北投區致遠一路二段 12 巷 1 號。

建議路線
1.搭乘捷運‧公車
　　淡水線石牌捷運站2號出口下車，由石牌捷運站2號出口出站（出站後靠右邊），沿著捷運高架往台北方向走（往明德站方向），其街名為西安街，約走100公尺（勿超過紅綠燈），由西安街一段293巷進來（巷口有一公車站牌，站名為自強街口），本公司位於致遠公園對面。搭公車者請於石牌站（石牌派出所）下車，走進自強街，遇致遠路口左轉，右手邊第一條巷子即為本社位置。

2.自行開車或騎車
　　由承德路接石牌路，看到陽信銀行右轉，此條即為致遠一路二段，在遇到自強街（紅綠燈）前的巷子（致遠公園）左轉，即可看到本公司招牌。

國家圖書館出版品預行編目資料

天罡拳十二式／馬志富　創編　國家體育總局武術運動管理中心　審定
——初版，——臺北市，大展，2012〔民101.06〕
面；21公分 ——（武術健身叢書；4）
ISBN　978－957－468－879－1（平裝）
1.拳術　2.中國
528.972　　　　　　　　　　　　　　　　　101006798

天罡拳十二式

創 編 者／馬 志 富
審　　定／國家體育總局武術運動管理中心
責任編輯／謝 建 平
發 行 人／蔡 森 明
出 版 者／大展出版社有限公司
社　　址／台北市北投區（石牌）致遠一路2段12巷1號
電　　話／（02）28236031 · 28236033 · 28233123
傳　　眞／（02）28272069
郵政劃撥／01669551
網　　址／www.dah-jaan.com.tw
E - mail／service@dah-jaan.com.tw
登 記 證／局版臺業字第2171號
承 印 者／傳興印刷有限公司
裝　　訂／建鑫裝訂有限公司
排 版 者／弘益電腦排版有限公司
授 權 者／北京人民體育出版社
初版1刷／2012年（民101年）6月

定　價／200元

大展好書　好書大展

品嘗好書　冠群可期